Nom commun:
Genre et éspèce:
Famille:
Date et lieu:

Remarques:

Nom commun:
Genre et éspèce:
Famille:
Date et lieu:

Remarques:

Nom commun:
Genre et éspèce:
Famille:
Date et lieu:

Remarques:

Nom commun:
Genre et éspèce:
Famille:
Date et lieu:

Remarques:

Nom commun:
Genre et éspèce:
Famille:
Date et lieu:

Remarques:

Nom commun:
Genre et éspèce:
Famille:
Date et lieu:

Remarques:

Nom commun:
Genre et éspèce:
Famille:
Date et lieu:

Remarques:

Nom commun:
Genre et éspèce:
Famille:
Date et lieu:

Remarques:

Nom commun:
Genre et éspèce:
Famille:
Date et lieu:

Remarques:

Nom commun:
Genre et éspèce:
Famille:
Date et lieu:

Remarques:

Nom commun:
Genre et éspèce:
Famille:
Date et lieu:

Remarques:

Nom commun:
Genre et éspèce:

Famille:

Date et lieu:

Remarques:

Nom commun:
Genre et éspèce:
Famille:
Date et lieu:

Remarques:

Nom commun:
Genre et éspèce:
Famille:
Date et lieu:

Remarques:

Nom commun:
Genre et éspèce:
Famille:
Date et lieu:

Remarques:

Nom commun:
Genre et éspèce:
Famille:
Date et lieu:

Remarques:

Nom commun:
Genre et éspèce:
Famille:
Date et lieu:

Remarques:

Nom commun:
Genre et éspèce:
Famille:
Date et lieu:

Remarques:

Nom commun:
Genre et éspèce:
Famille:
Date et lieu:

Remarques:

Nom commun:
Genre et éspèce:
Famille:
Date et lieu:

Remarques:

Nom commun:
Genre et éspèce:
Famille:
Date et lieu:

Remarques:

Nom commun:
Genre et éspèce:
Famille:
Date et lieu:

Remarques:

Nom commun:
Genre et éspèce:
Famille:
Date et lieu:

Remarques:

Nom commun:
Genre et éspèce:
Famille:
Date et lieu:

Remarques:

Nom commun:
Genre et éspèce:
Famille:
Date et lieu:

Remarques:

Nom commun:
Genre et éspèce:
Famille:
Date et lieu:

Remarques:

Nom commun:
Genre et éspèce:
Famille:
Date et lieu:

Remarques:

Nom commun:
Genre et éspèce:
Famille:
Date et lieu:

Remarques:

Nom commun:
Genre et éspèce:
Famille:
Date et lieu:

Remarques:

Nom commun:
Genre et éspèce:

Famille:

Date et lieu:

Remarques:

Nom commun:
Genre et éspèce:
Famille:
Date et lieu:

Remarques:

Nom commun:
Genre et éspèce:
Famille:
Date et lieu:

Remarques:

Nom commun:
Genre et éspèce:
Famille:
Date et lieu:

Remarques:

Nom commun:
Genre et éspèce:
Famille:
Date et lieu:

Remarques:

Nom commun:
Genre et éspèce:
Famille:
Date et lieu:

Remarques:

Nom commun:
Genre et éspèce:
Famille:
Date et lieu:

Remarques:

Nom commun:
Genre et éspèce:
Famille:
Date et lieu:

Remarques:

Nom commun:
Genre et éspèce:
Famille:
Date et lieu:

Remarques:

Nom commun:
Genre et éspèce:
Famille:
Date et lieu:

Remarques:

Nom commun:
Genre et éspèce:
Famille:
Date et lieu:

Remarques:

Nom commun:
Genre et éspèce:
Famille:
Date et lieu:

Remarques:

Nom commun:
Genre et éspèce:
Famille:
Date et lieu:

Remarques:

Nom commun:
Genre et éspèce:
Famille:
Date et lieu:

Remarques:

Nom commun:
Genre et éspèce:
Famille:
Date et lieu:

Remarques:

Nom commun:
Genre et éspèce:
Famille:
Date et lieu:

Remarques:

Nom commun:
Genre et éspèce:
Famille:
Date et lieu:

Remarques:

Nom commun:
Genre et éspèce:
Famille:
Date et lieu:

Remarques:

Nom commun:
Genre et éspèce:
Famille:
Date et lieu:

Remarques:

Nom commun:
Genre et éspèce:
Famille:
Date et lieu:

Remarques:

Printed in France by Amazon
Brétigny-sur-Orge, FR

14578707R00058